falter 21

ELKE BLATTMANN

Puppe und Schmetterling

*Die Begegnung des Menschen
mit sich selbst*

VERLAG FREIES GEISTESLEBEN

Die Deutsche Bibliothek CIP-Einheitsaufnahme

Blattmann, Elke:
Puppe und Schmetterling: die Begegnung
des Menschen mit sich selbst / Elke Blattmann. –
1. Aufl. der erw. Neuausg. –
Stuttgart: Verl. Freies Geistesleben, 1995
(Falter; 21)

ISBN 3-7725-1421-9

NE: GT

1. Auflage der erweiterten Neuausgabe
Die erste Ausgabe erschien 1990
in der Edition Bingenheim unter dem Titel
«Puppe und Schmetterling. Das Puppenspiel
in der Erziehung».
© 1995 Verlag Freies Geistesleben GmbH, Stuttgart
Schutzumschlag: Doris Hecht / Walter Schneider
Druck: Offizin Chr. Scheufele, Stuttgart

Inhalt

Einleitung 7
Das Puppenspiel in der Erziehung 9
Werdegang des Schmetterlings 13
Das Ei 13
Die Raupe 14
Die Imago 15
Die Puppe 19
Werdestufen des Menschen 29
Das Kind 30
Der Erwachsene 30
Der Jugendliche 31
Merkmale und Funktion der Puppe 35
Das Puppenspiel 42
Puppe und Puppe 44
Mysterium Puppe 64

Anmerkungen 76
Bild- und Quellennachweis 78

Einleitung

Da ich als Lehrerin tätig bin und seit zwanzig Jahren eine Puppenbühne unterhalte, kam die Anfrage an mich, bei einer Puppenspielertagung über das Thema «Das Puppenspiel in der Erziehung» zu sprechen. Das ist ein weitgefaßtes Thema mit unbegrenzten Möglichkeiten.

Mein Anliegen war es, den Puppenspielern deutlich zu machen, welch wirksames Erziehungsmittel sie in der Hand haben.

Ich suchte ein Zipfelchen, an dem ich anpacken konnte. Der Weg war mir klar. Ich wollte mich um die phänomenologische Methode bemühen, die das ernst nimmt, was uns direkt vor Augen liegt und doch oft nicht gesehen wird. Dieser Weg kann zu den offenbaren Geheimnissen, die uns überall umgeben, führen, indem man verschiedene Bilder sich gegenseitig erhellen läßt.

Rudolf Steiner weist auf den Wert dieser Methode hin: «Das ist dasjenige, wonach man streben muß in einer wirklichen Wissenschaft: Nicht Erscheinungen durch abstrakte Begriffe zu definieren, sondern Erscheinungen durch Erscheinungen zu definieren ...

Das ist überhaupt das Charakteristische desjenigen, wonach gestrebt wird von anthroposophischer Geisteswissenschaft: Zum wirklichen Phänomenalismus zu kommen.»[1]

Und dann war das Zipfelchen plötzlich in meiner Hand: Es war die Puppe selber und mit ihr die aus der deutschen Sprache kommende Frage, ob die Puppe etwas mit der Puppe zu tun habe.

Aus dem Suchen nach einer Antwort auf diese Frage entstanden die folgenden Ausführungen.

Elke Blattmann

Das Puppenspiel
in der Erziehung

Um die Bedeutung und Wichtigkeit des Puppenspiels in der Erziehung erkennen zu können, wollen wir ganz elementar an die einzelnen Begriffe herangehen. Wir wollen schlicht fragen:

Was ist Erziehung? – Was ist eine Puppe?

«Erziehung gibt dem Menschen nichts, was er nicht auch aus sich selbst haben könnte: sie gibt ihm das, was er aus sich selber haben könnte, nur geschwinder und leichter.»[2]

Mit diesen Worten weist Gotthold Ephraim Lessing darauf hin, daß sich im Lebenslauf des Menschen ein Prozeß abspielt, dessen Ablauf beeinflußt werden kann. Es ist ein Prozeß, der neben der im großen und ganzen von selbst verlaufenden biologisch-körperlichen Entwicklung einhergeht und der den Säugling allmählich zu einer Persönlichkeit reifen lassen kann. Um dieses Ziel zu erreichen, kann und muß helfend durch Erziehung eingegriffen werden. Was aber tut Erziehung? Und wie sieht dieser Entwicklungsprozeß konkret aus?

Schon das Thema eines pädagogischen Vortrags von Rudolf Steiner gibt darauf eine lapidare Antwort:

«Erziehungskunst ist ein Ausbalancieren von physischer Natur und geistiger Wesensart des heranwachsenden Menschen.»[3]

Der Vortrag beginnt folgendermaßen:

«Wenn wir den Menschen in seiner Konstitution betrachten und dann diese Erkenntnis auf den werdenden Menschen, auf das Kind anwenden, so ergibt sich das Folgende: Aus den geistigen Welten herein kommt – ich möchte sagen – auf einer Art astralischen Flügeln – die Ichheit des Menschen. Wenn wir das Kind zunächst in den ersten Lebensjahren betrachten, wie es sich entwickelt, wie es Grad für Grad aus seinem tiefen Innern die Physiognomie an die Oberfläche des Leibes bringt, wie es immer mehr und mehr die Gewalt über seinen Organismus bekommt, so ist das, was wir da sehen, im wesentlichen die Einverleibung des Ich.»

Drei Begriffe wollen wir aus diesem Text festhalten: «Ausbalancieren» – «astralische Flügel» und «die Einverleibung des Ich».

Nun zur zweiten Frage: Was ist eine Puppe?

Das Wort Puppe hat in der deutschen Sprache zwei Bedeutungen, einmal wird mit ihm ein Abbild der Menschengestalt gemeint, zum zweiten bezeichnet es einen Entwicklungszustand im Werdegang des Schmetterlings.

Halten wir wieder fest:

       1. Puppe = Menschenabbild

       2. Puppe = Schmetterlingspuppe.

Haben diese beiden Begriffe etwas miteinander zu tun? Birgt die deutsche Sprache hier ein Geheimnis? Diese Frage wollen wir verfolgen und dabei wieder ganz elementar vorgehen.

Schauen wir uns die erste Bedeutung der Puppe an:

Die Puppe ist ein Spielzeug. Ja, man kann wohl sagen, *das* Spielzeug des Kindes. Andere Spielzeuge wechseln, sie kommen und gehen. Die Puppe bleibt. In allen Völkern und zu allen Zeiten spielten Kinder mit Puppen.

Die Puppe ist eine Nachbildung der Menschengestalt. Doch nicht jedes Menschenabbild ist eine Puppe. Weder eine Zeusstatue noch der David von Michelangelo oder gar ein Goethedenkmal sind Puppen, obwohl sie Menschengestalt haben. Da gibt es wesentliche Unterschiede. Steht ein Mensch vor einer Götterstatue, so sieht er in dem Standbild die Verkörperung des Gottes. Durch sie hofft er Zugang zu göttlichen Kräften zu erlangen. Die Statue vermittelt zwischen Mensch und Gott:

$$\text{Mensch} \rightleftarrows \text{Götterstatue} \rightleftarrows \text{Gott}$$

Ein Goethedenkmal wird aufgestellt, um durch die Erinnerung Goethes Wirkung über seinen Tod hinaus für die Nachfahren lebendig zu erhalten:

$$\text{Mensch} \rightleftarrows \text{Denkmal} \rightleftarrows \text{Persönlichkeit}$$

Die verehrte Persönlichkeit spricht durch das Denkmal zu den Menschen.

Was ist nun eine Puppe?

Das menschenähnliche Gebilde, mit dem das Kind spielt, ist eine Puppe. Die Figuren, die der Puppenspieler bewegt, sind Puppen. Aber auch die Gestalten, die in Schaufenstern Kleider anpreisen, sind Puppen.

Wer steht hinter der Puppe? Wer spricht und wirkt durch sie?

$$\text{Mensch} \rightleftarrows \text{Puppe} \rightleftarrows \text{?}$$

Lassen wir diese Frage offen und wenden wir uns erst der anderen Bedeutung des Begriffs Puppe zu: der Schmetterlingspuppe.

Werdegang des Schmetterlings

Der Schmetterling macht vier Entwicklungsstadien durch. Aus dem Ei schlüpft die Raupe, die Raupe verpuppt sich, aus der Puppe entfliegt die Imago, die wir zwar Schmetterling nennen, aber eigentlich ist «Schmetterling» der übergeordnete Begriff für alle Werdestufen.

$$\left.\begin{array}{l}\text{Ei}\\\text{Raupe}\\\text{Puppe}\\\text{Imago}\end{array}\right\}\text{Schmetterling}$$

Das Ei

Das Schmetterlingsei ist sehr klein, fein ziseliert und durchgestaltet. In den durchscheinenden weichen Gebilden kann man bei entsprechender Vergrößerung die Entwicklung der Raupe andeutungsweise verfolgen.

Die Raupe

Ist die Raupe geschlüpft, dann beginnt sie sofort zu fressen. Sie frißt und frißt. Unaufhörlich nimmt sie Nahrung auf.

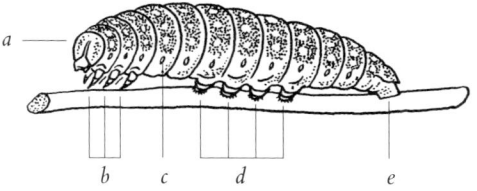

Raupe.   a Kopf   b Brustbeine   c Atemöffnung
d Hinterleibsende   e Nachschieberbeine

Der Körper der Raupe ist im wesentlichen ein *Rumpf*. Der kleine Kopf besteht hauptsächlich aus kräftigen Freßwerkzeugen. Die verhornten drei Brustbeinpaare helfen, die Nahrung heranzuschaffen. Mit den vier Bauchfußpaaren, den Hinterleibsbeinen, saugt sich die Raupe am Untergrund fest; auch ein langsames Kriechen ist, unterstützt vom Nachschieber am Hinterleibsende, möglich. Alles an der Raupe ist aufs Fressen hin organisiert. Die wenigen Sinneswahrnehmungen dienen der Nahrungssuche. Die Raupe nimmt ihre Umwelt in sich hinein. Sie nimmt und nimmt. Und sie wächst und wächst. Wenn ihr die Haut zu eng wird, platzt diese, und eine neue Haut kommt zum Vorschein. Fünf bis sechs Häutungen macht eine Raupe durch. «Während dieser Zeit nimmt die Raupe keine Nahrung auf. Sie spinnt sich an ein Blatt, einen Zweig, Rinde, Steine oder eine andere Unterlage an und wirft die alte Haut, ähnlich wie eine Schlange, ab. Dieser Zeitabschnitt ist für die Raupe sehr kritisch, denn sie ist weich, verletzbar und wehrlos.»[4] Raupen sind geschlechtslos. Wir fühlen leicht Abscheu vor Raupen. Warum? – Es sind doch interessante, teils farbenprächtige, schön gemusterte Gebilde!

Die Raupe ist ein Bild des Nehmens. Ein Bild des Egoismus.

Die Imago

Am Ende der Schmetterlingsentwicklung steht die Imago, der Falter. In dieser Entwicklungsstufe sehen wir eigentlich *den* Schmetterling, die Vollendung dieses Tieres, auf die die Vorstufen hinführen. Es läßt sich kaum ein größerer Gegensatz denken als der zwischen Raupe und Schmetterling. Blickt man mit Abscheu auf die Raupe, so erweckt dasselbe Tier als «Schmetterling» bei jedermann Entzücken.

Schmetterlinge werden auch «Holometabola», die Ganzverwandler, genannt. Alles ist anders bei der Imago, nichts erinnert an den Raupenzustand. War die Raupe ein Bauchwesen, eigentlich ein Rumpf, so geht

Imago (Schwalbenschwanz)

bei der Imago alles von der *Brust* des Tieres aus. Im Brustbereich entfalten sich die großen, farbenprächtigen Flügel, die den Falter durch die Luft tragen. Hier sitzen auch die sechs langen, empfindlichen Beine, die zum Festhalten gebraucht werden. Dieses Wesen findet Halt und Bewegung von seiner Mitte aus. Einige Schmetterlingsarten nippen mit langem Rüssel an süßen Blütensäften, aber eigentlich braucht die Imago keine Nahrung. Der Besuch eines Schmetterlings bringt den Blüten mehr als dem Gast. War die Raupe ganz aufs Nehmen hin orientiert, so sehen wir den Schmetterling nur geben und geben. «Die einzige Aufgabe des Schmetterlings besteht darin, für Nachkommen zu sorgen», sagen die Biologen, das heißt, er soll Eier legen, er soll etwas hergeben. Und das tut er. Das

Männchen gibt die Samen, das Weibchen gibt die Eier, und beide verbreiten wunderfeinen Duft. Der Schmetterling hat kompliziert ausgestaltete, feine Sinnesorgane. Sein Kopf dient nur der Wahrnehmung. Er kann sehen, riechen, schmecken, tasten und Wärme fühlen. – Und jede Sinneswahrnehmung ist bei genauer Betrachtung ein Geben.

«Lepidopteros» heißt der Schmetterling auf griechisch (Lepis = Schuppe, Pteron = Flügel), der Schuppenflügler. Schmetterlingsflügel sind mit unzähligen Schuppen bedeckt, die in allen Farben schillern. Diese Schuppen enthalten bei manchen besonders prächtigen Arten keinerlei Farbpigmente. Was wir sehen, sind die Farben des Lichtes, die durch Reflexion sichtbar werden. Nicht mit eigenen Farben prunkt der Schmetterling, sondern er verhilft dem Licht zu dieser Pracht. «Nicht ich, sondern das Licht an mir», sagt er gewissermaßen. Der Schmetterling ist ein gebendes Wesen. Er ist nur für andere da. Er vergibt sich an die Umwelt. Damit ist er der Raupe polar entgegengesetzt.

Die Raupe macht eine einnehmende Gebärde. Sie holt in sich hinein, was sie nur kann.

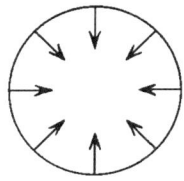

Der Schmetterling dagegen verströmt sich nach außen. Er hat viel zu vergeben.

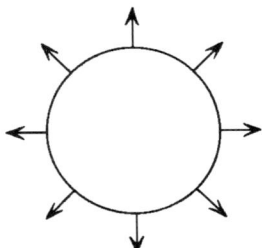

Wie ist so eine Umwandlung möglich? Wie kann ein so eigensüchtiges zu einem so schenkenden Wesen werden?

Fügen wir die beiden Gebärden zusammen, dann ergibt sich das Bild der Lemniskate, der geometrischen Figur, in der die Linie eines Kreises an einem Punkt ihre Richtung verläßt, um in einer gegenläufigen Kreisbewegung weiterzulaufen.

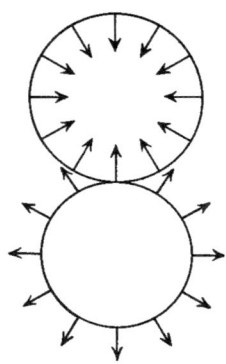

Nach einer Umrundung kehrt sie wieder in den ursprünglichen Kreis zurück und so fort. Es ergibt sich eine unendliche Bewegung, die hin und her schwingt zwischen innen und außen. Denn was vorher Kreisinnenraum war, wird nach der Umstülpung Umgebung des Kreises.

Die obere Schleife entspricht der Raupe, die untere der Imago. Dazwischen liegt eine Kreuzung, dort ist der Umstülpungspunkt, der die Verwandlung bewirkt.

Im Schmetterlingsleben ist dieser Umschlagpunkt das Puppenstadium. Das wollen wir nun näher betrachten.

Die Puppe

«Wer sich die Zeit nimmt, die Verpuppung einer Raupe zu beobachten, dem wird klar, daß dieser Vorgang recht anstrengend sein muß ... Dann stellt die Raupe das Fressen ein, entledigt sich aller Abfallstoffe und begibt sich auf Wanderschaft und Suche nach dem ihrer Art zusagenden Verpuppungsort. Schließlich beginnt sie, zum Beispiel um einen dünnen Zweig, Spinnfäden zu ziehen, setzt sich in das lockere Gewebe und ruht eine Weile aus. Dann bäumt sie sich auf, senkt den Kopf, wendet und krümmt sich; Faden um Faden entsteht und bildet einen am Zweig haftenden Gürtel um ihren Vorderleib. Wieder ruht

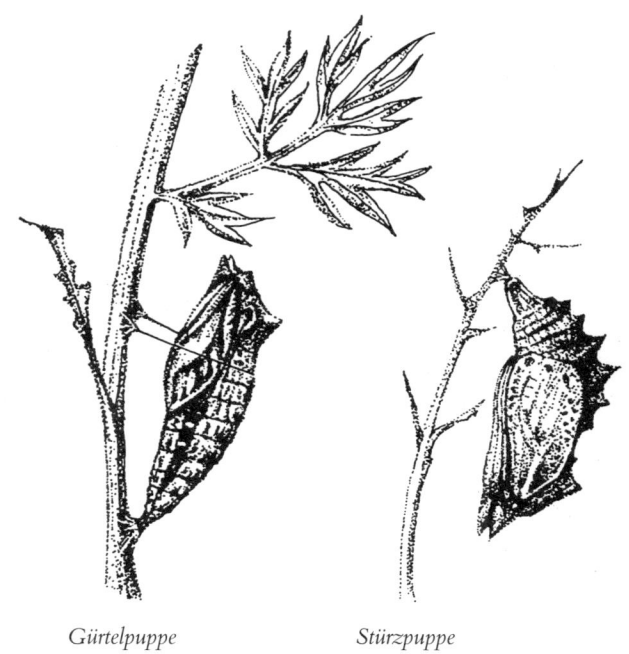

Gürtelpuppe   Stürzpuppe

sie eine Weile aus, dann streift sie unter Zucken und Strecken ihre letzte Raupenhaut ab, und die weiche Puppe hängt in der Schlinge. Die Puppenhülle verhärtet, dunkelt nach, verändert auch ihre Form: eine *Gürtelpuppe* ist fertig.

Andere hingegen bauen sich *Stürzpuppen*. Auch hier legt die Raupe erst ein Gespinstpolster an, in das sie ihre Nachschieber drückt; so verankert läßt sie sich kopfunter fallen. Nach Stunden beginnt sie unter

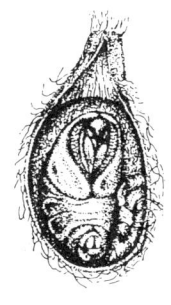 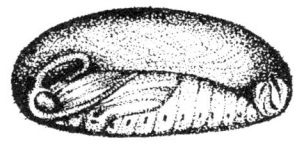

Mumienpuppe im Kokon   *Liegende Mumienpuppe*

Zuckungen ihre letzte Raupenhaut zu sprengen. Die herausquellende weiche Puppe schiebt durch abwechselndes Zusammenziehen und Verlängern diese Hülle nach oben zu einem Knäuel zusammen. Nun muß aber die Puppe dafür sorgen, sich selber zu verankern, bevor sie die Raupenhaut ganz abwirft; aus ihrem Hinterleib schiebt sich der lange Muskelstrang des Cremasters hervor, umfaßt den Hautknäuel und bohrt sich durch Drehbewegungen der Puppe in das Gespinstpolster ein. Erst wenn die Verankerung gesichert ist, wird die Haut völlig abgestreift. Die Stürzpuppe verhärtet und dunkelt nach.»[5]

Die Puppe ist fertig. Wie sieht sie aus? – Sie hat eine harte Schale, oft ist sie bizarr geformt; sie ist starr und unbeweglich – eine sogenannte *Mumienpuppe* (die frei liegend, umsponnen als Kokon oder als Gürtel-

beziehungsweise Stürzpuppe aufgehängt sein kann.) Ihre Gestalt ist dem Schmetterling ähnlicher als der Raupe.

Die Flügelanlage ist deutlich erkennbar. Bei der Gürtelpuppe scheinen die Flügel, also der Rücken, dem schützenden Halt zugewandt zu sein und die Bauchseite aller Unbill der Umwelt preisgegeben.

Das ist merkwürdig, weil diese Haltung der Puppe sowohl der Richtung des Raupen-Verpuppungsprozesses wie auch der Schlüpfrichtung der Imago widerspricht, die beide dem Halt bäuchlings zugewandt geschehen.

Bild und Prozeß widersprechen sich – oder sollte das Bild täuschen?

Die Raupe verwandelt sich in derselben «Zuwendung» vorwärts in die Puppe, wie die Imago ihr mit seltsam nach vorne zusammengefalteten Flügeln gleichsam rückwärts wieder entschlüpft. Das zwingt zur Frage, ob diese Richtung oder besser Haltung auch während der Verpuppungsphase bestehen bleibt. Das Innere der Puppe kann darüber keine Auskunft geben, denn das löst sich in einen form- und richtungslosen Brei auf. Vertrauen wir aber dem Augenschein beim Betrachten der Puppe, dann zeigt ihre äußere Form eindeutig, daß nun der Rücken dem Halt zugewandt ist. Nehmen wir das ernst, dann werden wir auf gewaltige Umwandlungs- und Wendungsprozesse hingewiesen, die sich geheim und verborgen während der Puppenphase vollziehen.

Zwei Umkehrungen werden so angedeutet: eine, die

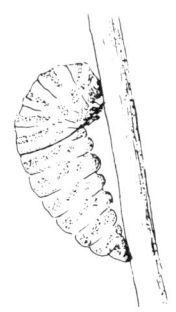

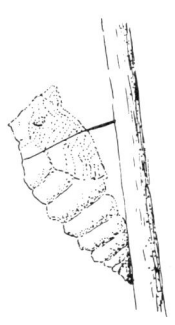

Raupe hat sich zur Verpuppung mit einem Seidengürtel befestigt

Puppe mit Seidengurt

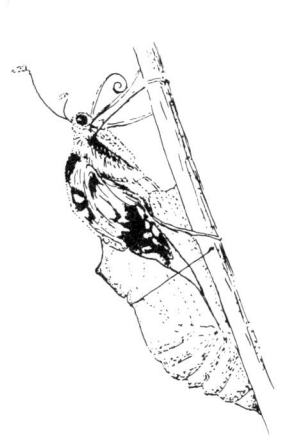

Schlüpfen

Frisch geschlüpfter Schmetterling (Schwalbenschwanz)

die Gestaltung der Puppe hat werden lassen, und eine zweite, die auf das Schlüpfen der Imago zu geht.

Damit wäre also tatsächlich die Bauchseite der Puppe schutzlos der Umwelt zugewandt. Das Seil der Gürtelpuppe spannt sich vorne um die Brust. Versetzen wir uns in so eine Puppe, dann fühlen wir uns an den Füßen festgehalten, erstarrt, an der Brust gefesselt und wie am Pranger zur Schau gestellt. Versuchen wir nur deutlich, diese ausliefernde, wehrlose Gebärde nachzuempfinden!

Noch erschütternder ist die Gebärde der Stürzpuppe. Wenn sich die Raupe mit ihrem Hinterleib verankert hat, stürzt sie rücklings nach unten und bleibt so hängen. Gibt es eine erbarmungswürdigere Stellung als diese?

Bemühen wir uns nur intensiv, diese Haltung nachzuerleben, um dem Geheimnis der Wandlung näherzukommen!

Die Schmetterlingspuppe ist ein Bild des wehrlosen Sich-Auslieferns, der hilflosen Hingabe, des Gefangen- und Bloßgestelltseins. Sie ist starr und unbeweglich, doch wenn sie störend berührt wird, schlägt die ganze Puppe wild um sich. «Ihre Bewegungsmöglichkeiten sind auf die Abdominalglieder beschränkt», sagt der Zoologe. Der Muskelstrang am Leibesende hat noch die Möglichkeit, ungezügelte Bewegungen auszuführen.

Und wie sieht es im Innern aus? Einen formlosen Brei birgt die rauhe Schale. Weder von den Organformen der Raupe noch von den späteren Organen des Schmetterlings sind Spuren zu entdecken.

Schwalbenschwanz (Raupe, Falter, Puppe)

Admiral (Falter, Raupe, Puppe)

Chaos herrscht.

Außen harte Schale, das Innere weich – so ist die Puppe eigentlich wie ein *Kopf*.

Sie gedeiht am besten, wenn sie in Ruhe gelassen wird und viel Sonne bekommt. Doch auch ein kräftiges Durchfrieren der überwinternden Puppe ist nötig.

Dann kann sich die Wandlung in ihr vollziehen, die Metamorphose von der Raupe zum Schmetterling, vom Nehmenden zum Gebenden.

Ist die Entwicklung gelungen, ist der Puppe die Imago entschlüpft, die nun geschlechtlich ist, zieht sich das Schmetterlingswesen in ein kleines Ei zu einem neuen Körper zusammen, und der Werdegang kann von vorne beginnen. Die Bewegungskurve der Lemniskate drückt das exakt aus.

An dem Kreuzungspunkt erleben wir einerseits die ausliefernde Gebärde der Puppe, zum anderen die

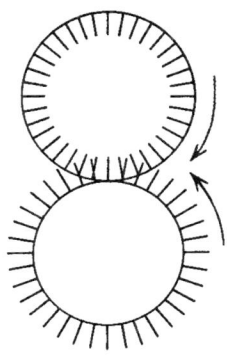

einwärtsgerichtete Bewegung zur Eibildung. Das sind die zwei Nadelöhre, die Todespforten zur Wandlung, wobei das Puppenstadium der Todesprozeß im Leben ist. Es ist *ein* Körper, der die Entwicklung durchmacht. Im Ei bildet sich ein neuer Körper.

Die Biologen haben herausgefunden, daß in der Raupe von Anfang an die Fähigkeit zur Verpuppung vorhanden ist. Im Raupenkopf sind jedoch Hormondrüsen, deren Sekrete die Vorgänge steuern und die vorzeitige Verpuppung zurückhalten. Werden die Drüsen entfernt, setzt die Entwicklung sofort ein, und es entstehen schon Puppen aus winzig kleinen Raupen.

Soweit die Betrachtung der Schmetterlingsentwicklung. Nun wollen wir zu unseren Anfangsfragen zurückkehren und die Entwicklungsstufen und die Erziehung des Menschen anschauen.

Werdestufen des Menschen

Der Mensch macht im Leben verschiedene Entwicklungsphasen durch. Das erste Stadium durchlebt er im «Ei», dazu rechnen wir die ganze vorgeburtliche Entwicklung. Zur Geburt kommt das *Kind*, dieses wird später zum *Jugendlichen*, um endlich als *Erwachsener* ein voller Mensch zu sein. Jedes Stadium hat seinen eigenen Namen, übergeordnet ist der Begriff *Mensch*.

«Ei»		Ei	
Kind	⎫	Raupe	⎫
Jugendlicher	⎬ Mensch	Puppe	⎬ Schmetterling
Erwachsener	⎭	Imago	⎭

Stellen wir die Entwicklungsstufen des Menschen neben die des Schmetterlings, können wir verblüffende Entsprechungen finden. Auch durch den menschlichen Lebenslauf geht die Wandlung vom Nehmenden zum Gebenden. Wenn es richtig läuft, wird aus dem Kind, das berechtigter Weise mehr entgegennimmt, als es gibt, einmal ein erwachsener Mensch, der zum Geben fähig ist.

Das Kind

Bei dem neugeborenen Kind wird zunächst der Bauch gepflegt. Die Nahrungsaufnahme ist das wichtigste. Das Kind nimmt und nimmt. Es fordert und fordert. Der Kopf dient anfangs vornehmlich der Nahrungsaufnahme.

Kinder sind gewissermaßen geschlechtslos.

Somit entspricht das Kind-Stadium durchaus dem Raupen-Dasein.

Die fünf bis sechs Häutungen der Raupe sind den Kinderkrankheiten vergleichbar (Masern, Keuchhusten, Windpocken, Mumps, Röteln, Scharlach). Nach diesen erscheinen die Kinder oft wie neugeboren, als ob sie in einer neuen Haut steckten.

Der Erwachsene

Stellen wir daneben einen volljährigen Menschen, so sollte er ähnliche Eigenschaften errungen haben wie die Imago des Schmetterlings: wach in der Wahrnehmung der Welt lebend, aus dem Brustbereich, den Herzkräften handelnd, bereit zum Geben nach dem Grundsatz: «Nicht ich, sondern der andere ist wichtig.»

Dem Kind wird ein Lebensegoismus zugebilligt, vom Erwachsenen wird Selbstlosigkeit erwartet. Doch diese Eigenschaften stellen sich nicht selbstverständlich und naturgegeben wie beim Schmetterling ein.

Es ist durchaus fraglich, ob der Mensch richtig in sich hineinkommt, ob die «Einverleibung des Ich» gelingt oder nicht.

Bevor wir aber darauf eingehen, wie die Erziehung hierbei helfen kann, wollen wir noch das fehlende Zwischenstadium betrachten.

Der Jugendliche

Nach unserem Schema entspricht das Puppenstadium dem Zustand eines Jugendlichen: nach außen hart und stachelig – innen weich und empfindlich. In sich gekehrt: «Wegen Umbau geschlossen.»

Ausgeliefert, angegriffen, unverstanden, erstarrt – Abdominalbewegung möglich. Um sich schlagen. Kopfkräfte vorherrschend.

Wer fühlt sich da nicht schmerzhaft an die eigene jugendliche Umbruchzeit erinnert? Wie sehnte man sich danach, in Ruhe gelassen zu werden und viel Sonne zu bekommen!

Daß der Vergleich der menschlichen Entwicklung mit dem Werdegang des Schmetterlings durchaus berechtigt ist, können wir von Rudolf Steiner erfahren: «Gleichzeitig mit der Hauptesbildung des Menschen ... mit dieser Hauptesanlage des Menschen sind ... die Anlagen entstanden zu dem Schmetterlingswesen ...

Und es ist schon für denjenigen, der diese Dinge sehermäßig betrachtet, so, daß er eigentlich ein Unge-

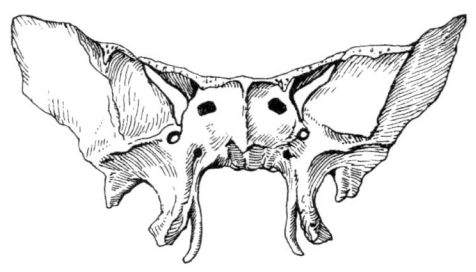

Keilbein

heures lernt, wenn er in der folgenden Art zu Werke geht, wenn er sagt: Ich will die Geheimnisse, die ältesten Geheimnisse ... des menschlichen Hauptes ergründen, ich will wissen, was da innerhalb der Hirnschale eigentlich für Kräfte gewaltet haben. – Er muß sich hinweisen lassen auf das, was man äußerlich überall sieht, was äußerlich überall einstrahlt, und das Schmetterlingswesen studieren. Um deine eigenen Haupteswunder kennenzulernen, studiere die Wunder, wie der Schmetterling draußen in der Natur wird: das ist etwa die große Lehre, welche der sehermäßigen Beobachtung der Kosmos gibt.»[6]

So mag es nicht von ungefähr sein, daß das Keilbein, der wichtige Knochen an der Schädelbasis des Menschenhauptes, einem Schmetterling ähnelt. Auch die Vorderansicht der menschlichen Gesichtsknochen erinnert an ihn.

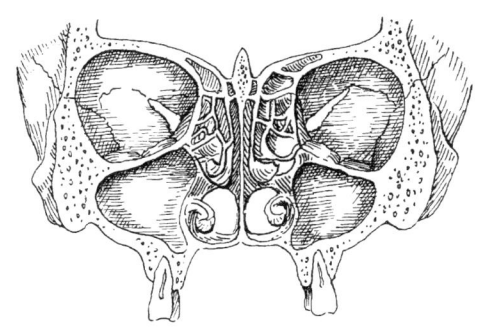

Gesichtsknochen (Querschnitt)

«Aus den geistigen Welten herein kommt – ich möchte sagen – auf einer Art astralischen Flügeln – die Ichheit des Menschen.» Dieses Vortragszitat vom Beginn unserer Betrachtung hat nun einen neuen Klang für uns.

Viele Künstler sahen im farbenfrohen, leichten Schmetterling ein Bild der Seele des Menschen. Gleichnishaft formuliert Goethe den Zusammenhang:

> Keine Ferne macht dich schwierig,
> Kommst geflogen und gebannt,
> Und zuletzt, des Lichts begierig,
> Bist du, Schmetterling, verbrannt.
>
> Und so lang du das nicht hast,
> Dieses: Stirb und Werde!
> Bist du nur ein trüber Gast
> Auf der dunklen Erde.
>
> (Goethe, *Selige Sehnsucht*)

Der Schmetterling macht einmal in seinem Leben die Verwandlung von der Raupe durch den Puppen«tod» zur Imago durch.

In der Entwicklung des Menschen muß diese Wandlung ständig erlitten werden. Äußerlich vollzieht sie sich in jedem Lebenslauf durch Kindheit, Jugendzeit zum Erwachsensein, doch innerlich muß jeder Mensch diese Stadien wieder und wieder durchmachen, wenn er innerlich regsam und lebendig bleiben will. Das Ich ist nur momentweise greifbar, es ist nur in der Entwicklung da. Jedem «Lichtblick», jedem «Schmetterling» muß ein «Puppenzustand» vorausgehen.

«Erziehungskunst ist ein Ausbalancieren von physischer Natur und geistiger Wesensart des heranwachsenden Menschen.»

Ein Balanceakt ist die Erziehung, sowohl die Erziehung des Kindes wie die Selbsterziehung.

Nun ist es an der Zeit, sich der Frage zuzuwenden, was für eine Rolle die Puppe und das Puppenspiel in der Erziehung spielen. Und auch die Frage, ob zwischen der Puppe und der Schmetterlingspuppe ein Zusammenhang gesehen werden kann, wartet noch auf Antwort.

Merkmale und Funktion der Puppe

Schildern wir die Eigenschaften einer Puppe, gemeint ist zunächst die Spielpuppe des Kindes (englisch: *doll*), so klingt das ähnlich wie bei der Schmetterlingspuppe: Sie ist unbewegt, starr, außen oft hart, innen ungestaltet und weich. Sie ist hilflos aller Unbill und aller Willkür ausgeliefert. Und ihre Funktion? Die Puppe wird geliebt – oder auch gehaßt. Sie wird gepflegt – und auch mißhandelt. An ihr wird Hingabe geübt. Das Kind lernt an der Puppe das Geben. Ohne Puppen gäbe es sehr viel weniger Liebe in der Welt.

Wer steht in der Puppe dem Kind gegenüber?

Karin Neuschütz gibt in ihrem Puppenbuch auf diese Frage eine eindeutige Antwort:

«Ich erinnere mich genau daran, welch eigentümliche, leicht aggressive Gefühle mich beim Anblick des Gummistöpsels überkamen, der mitten im Oberschenkel meiner Babypuppe steckte. Daß der Pfropfen dazu diente, bei Bedarf das sich beim Baden sammelnde Wasser abzulassen, milderte meinen Zorn nicht – für mich war er ein Defekt, der meinen Liebling entstellte. Ich konnte das dem Fabrikanten nie verzeihen. Es war mir auch nicht recht, daß man ihr einen Text in den Rücken eingestanzt hatte – bis zum heutigen Tage kann ich spüren, wie es auf meinem eigenen Rücken an eben dieser Stelle juckt.»[7]

Dieser Aussage können wir entnehmen: Die Puppe – das bin ich.

Eine entsprechende Erfahrung machte ich selber als Kind. In meiner Puppenschar war ein Puppenmädchen, mit dem ich nur Ärger hatte. Nie benahm es sich richtig, immer machte es Unfug. (Es war interessanterweise die «vollkommenste» unter meinen Puppen, Marke Schildkröt, mit echten Haaren und Schlafaugen.) Dauernd mußte ich sie bestrafen. Heute ist es mir klar, daß es stets meine eigenen Fehler waren, die ich an der Puppe rügte. Wie gut für mich, daß ich diese ungeliebte Puppe hatte, die die Rolle des Sündenbocks übernehmen konnte. Das Kind identifiziert sich mit seiner Puppe. Es schlüpft in die Puppe. Es verwandelt sich. Im Spiel mit der Puppe gibt es sich selber auf, es wird selbstlos – und findet sich selber. Das, was es später einmal können muß, übt das Kind im Spiel mit seiner Puppe. Es lernt spielend, sich selber zu begegnen. Die Puppe hilft ihm bei dem Balanceakt der «Einverleibung des Ich». Die Puppe ist gleichsam die Balancierstange, mit deren Hilfe es sich über manche Abgründe wagen kann.

Große Unglücke können geschehen, wenn diese Erziehungshilfe zu früh weggenommen wird, wenn der Seiltänzer die Haltestange verliert. Dafür gibt es erschütternde Beispiele:

DAS LEBEN
IN DIE HAND NEHMEN

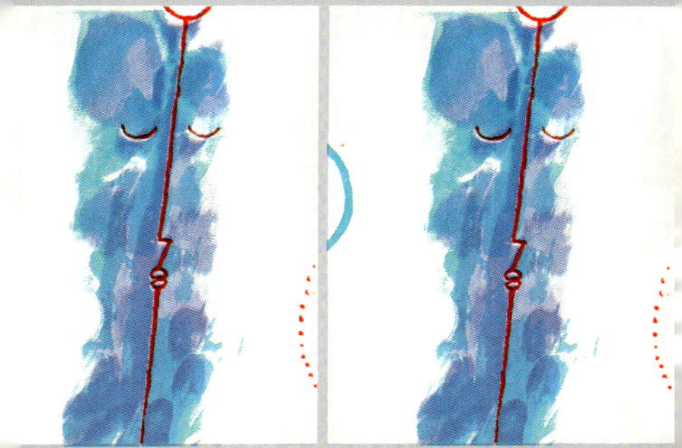

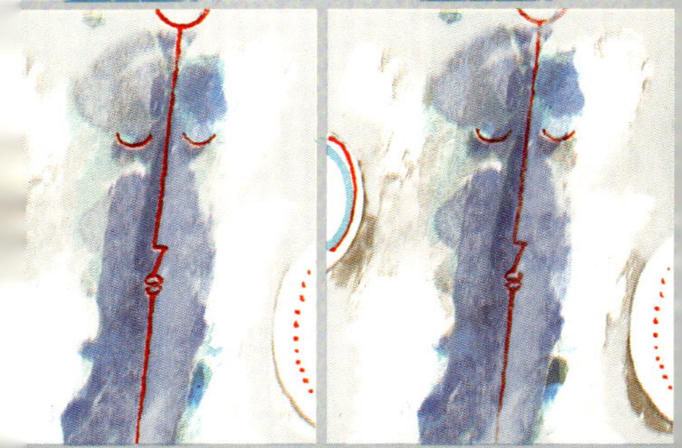

))) Anthroposophie im
≋ Verlag Freies Geistesleben

«Ein Mädchen, ein Kriegskind, spielte mit einer von der Mutter genähten Lumpengretel. Von Zeit zu Zeit wusch die Mutter den Balg in der Bütt und ließ ihn an der Leine trocknen. Das überlebt eine solche Puppe ohne Schaden. Dann erkrankte die Mutter schwer. Sie mußte ins Krankenhaus, und Kind und Puppe wurden von einer kinderlosen Tante aufgenommen – das Kind mit Liebe und Fürsorge –, die Puppe aber wurde als ‹eklig und ganz verdorben› im Herd verbrannt ... Das Kind hat sich nie wieder an eine Puppe angeschlossen, sich nie wieder mit einem Stückchen seines Wesens in eine Puppe hinein gewagt.»

Oder auch:

«‹Wo hast du meine Tulla?› Papa überhört die Frage. ‹Hast du Tulla nicht mitgebracht?› Nun muß der Vater bekennen: ‹Das konnte ich nicht, Mama hat sie verbrannt.› ‹Verbrannt – ? Tulla! Verbrannt – ?› Aus dem Kinderblick starren Unglaube, Entsetzen und ein namenloser Schmerz. ‹Nein, Papa, sage, du machst Spaß. Sage schnell, daß du Spaß machst, und gib sie mir.›

Dem Vater war es unendlich schwer, das letzte Hoffnungsfünkchen, das schwach aufflackert, auszulöschen.

‹Mariakind›, sagte er, so zart und innig, wie nur Papa es auszusprechen vermag, ‹du mußt vernünftig sein und Mama verstehen. Du bist jetzt ein großes Mädchen, und Tulla war als Spielzeug eines kleinen Kindes gedacht und reif zum Verbrennen.›

Maria steht wie versteinert. Sie weint und klagt

nicht. Stumm sieht sie vor sich nieder. Nach einer Weile sagt sie leise:

‹Tulla, – das war ein Stück von mir – Tulla, das ist –›

Sie schweigt, sie hat sagen wollen: ‹Meine Kindheit›, aber sie spricht es nicht aus, sie denkt es nur und hat dabei das Gefühl, daß ein Tor zugegangen ist, ein goldenes Tor, das sich nie, niemals wieder öffnen kann.»

Dazu schreibt Heidi Britz-Crecelius (aus deren Buch über das Kinderspiel die Beispiele entnommen sind):

«Das Ablegen einer Puppe ... [ist ein wichtiger Schritt] auf dem Wege des Kindes zu sich selber. Indem es dieser Stütze entraten kann, wird es selbständig – entreißt man sie ihm jedoch vorzeitig und gewaltsam, so macht man es unsicher. Als in Saarbrücken der Prozeß gegen die Lebacher Soldatenmörder geführt wurde, stand in einer hiesigen Tageszeitung eine Aussage des Haupttäters ... über seine Jugendzeit: Er habe am liebsten mit Puppen gespielt ... und bitterlich geweint, als man sie ihm wegnahm.»[8]

Zu diesem Bericht finden wir in dem eingangs erwähnten Vortrag von Rudolf Steiner erklärende Hinweise: «Wir müssen durch die Erziehung zu vermeiden suchen alles dasjenige, was das Ich zu stark aufsaugen läßt von der Organisation, zu stark abhängig werden läßt. Sie werden den ganzen Ernst dieser Sache begreifen, wenn ich sage, daß das Wesen mancher Verbrecher, mancher brutaler Menschen darin besteht, daß man das Ich zu stark hat aufsaugen lassen in den Jahren des Wachstums ... Wir können ... durch eine richtige künstlerische Behandlung in der Erziehung vermeiden, daß bei einem Menschen ... das Ich zu tief hineinsinkt in die Organisation; dann bewahren wir ihn davor, ein Verbrecher zu werden.»

«Erziehungskunst ist ein Ausbalancieren von physischer Natur und geistiger Wesensart des heranwachsenden Menschen.» Wenn dieser Balanceakt nicht gelingt, wenn das Kind innerlich «abstürzt», wenn das Ich zu tief versinkt, dann verschließt es sich gegen die Umwelt, es kapselt sich ein. Gewähren wir dem Kind nicht die nötige Erziehungshilfe, die helfende «Balancierstange», nehmen wir ihm die Puppe, dann ist es in Gefahr, selber in das Puppenstadium zu geraten.

Von den Raupen hörten wir, daß feine Hormonvorgänge die Entwicklung steuern. Fehlen diese, so tritt alsbald Verpuppung ein. Kinder sind in derselben Gefahr; sie können in einen krankhaften Zustand verfallen, wenn die Steuerung fehlt. Dazu kann verschiedenes Fehlverhalten der Erzieher führen. Einer der empfindlichen Schmerzpunkte ist eben Achtlosigkeit der Lieblingspuppe gegenüber.

Wir sehen, welch ein wirksames, wesensnahes Erziehungsmittel die Puppe ist. Darum ist es auch nicht gleichgültig, wie sie aussieht.

Die vollendete Ausprägung meiner eigenen Puppe war richtig, um sie zum Prügelknaben werden zu lassen. Daneben hatte ich aber auch freilassend gestaltete Puppen zum Liebhaben.

Daß eine Puppe durch ihre Gestaltung schaden kann, zeigt der oft zitierte Krankenbericht des Professors für Kinderheilkunde Alfred Nitschke:

«Ein zehnmonatiges Mädchen kommt mit langer Krankheitsvorgeschichte (Inappetenz und häufiges ‹unmotiviertes› Erbrechen) in die Klinik. Das Kind war ohne krankhaften körperlichen Befund, aber sehr elend, mager, die Muskulatur dünn und schlaff. Es konnte nicht sitzen. Meist nahm es eine eigenartige Haltung ein: Der Körper ruhte wie ein zusammengeklapptes Taschenmesser zwischen den ausgestreckten Beinchen. Dazu lagen die schlaffen Arme oft nach vorne ausgestreckt auf der Decke. Das aufliegende Gesicht war wenig angehoben, der Ausdruck verstimmt und lustlos abweisend. Auffallend war dabei der ruhige große Blick und noch mehr ein ausdruckreicher Mund, an dem das Kind oft mit den Fingern spielte ...

An dem Tag, an dem das Kind in der Vorlesung als eines von denen gezeigt werden sollte, bei denen es uns nicht gelang, einen wahrscheinlich in der Lebenssituation liegenden Schaden zu klären und zu überwinden, durfte es, um nicht gar zu unglücklich zu sein, etwas mitnehmen, das ihm vertraut war. Das war ein großer Hase, den das Kind als liebsten Spielgefährten von zu Hause mitgebracht und dauernd bei sich im Bettchen gehabt hatte. Beim Anblick des Tieres kam plötzlich der Einfall: Das ist der Störenfried! ... Es war ein großes Tier, eine der grotesken Formen, die man heute den Kindern zum Spielen gibt, mit sehr langen, dünnen, schlaff hängenden Armen und Beinen, einem Kopf mit auffallend gerichteten großen Augen und einem sehr ausgeprägten Maul, dessen Lippen das Kind immer wieder mit den Fingern berührte. Diesen schlaffen, traurig verstimmt aussehenden Hasen hatte das Kind oft sich selbst zugewendet auf die Bettdecke gelegt, und zwar genau in seiner eigenen Haltung: den Oberkörper zwischen den schlaffen Hinterläufen, die Vorderläufe ausgestreckt, das Gesicht mit dem sonderbaren Augen- und Mundausdruck ihm zugewandt. Das war zu Hause fast der einzige Partner des sonst von der Welt isolierten Kindes; das war das Bild von Haltung, Bewegung und Stimmung, mit dem das Kind umgegangen war, an dem das Kind sich geformt hatte.

Ich würde diese Deutung nicht in solch entschiedener Weise zu geben wagen, wenn sich die Folgerungen für die Behandlung nicht als so wirkungsvoll erwiesen hätten. Wir ersetzten den Hasen durch ein fast ebenso großes, aufrecht dastehendes und klar geformtes freundliches Lämmchen. Das Kind schloß sich rasch an das neue Tier an. Obwohl wir sonst nichts in der Behandlung änderten, begann das Kind schon nach wenigen Tagen mit Vergnügen zu essen, wurde bald kindlich fröhlich, stellte sich auf und vergaß die alte Haltung ohne unser Zutun. Der Wandel reichte bis in die Tiefe der kleinen Person. Er war für uns nach der langen vergeblichen Bemühung schön, fast erschütternd – für die Mutter unfaßlich. Diese glückliche Entwicklung wurde seitdem zu Hause nicht mehr unterbrochen.»[8]

Das Puppenspiel

Nun wollen wir noch auf das Puppenspiel eingehen. Bisher betrachteten wir das Kind, das mit der Puppe spielt, und wir erkannten, daß es in der Puppe sich selbst begegnet:

$$\text{Kind} \rightleftarrows \text{Puppe} \rightleftarrows \text{Ich}$$

Damit findet unsere offengebliebene Frage vom Anfang ihre Antwort. Das Gespräch mit der Puppe ist ein Selbstgespräch.

Mit der Tätigkeit eines Puppenspielers entsteht noch ein anderes Verhältnis:

$$\text{Kind} \rightleftarrows \text{Puppe} \rightleftarrows \text{Puppenspieler}$$

Hinter der Puppe oder gar in der Puppe steckt ein anderer Mensch. Dieser spricht durch die Puppe wie einst Götter durch ihre Statuen.

Der Spieler bleibt für das Kind verborgen, selbst wenn er leibhaft zu sehen ist. Das Kind ist magisch angezogen von der Puppe und schlüpft in diese. Auch hier begegnet das Kind sich selbst in der Puppe. Und damit hat der Puppenspieler das Kind buchstäblich «in der Hand». Er kann mit ihm machen, was er will, denn das Kind tut das, was die Puppe von ihm verlangt. Was vom Du zum Ich nicht möglich ist, über die Puppe geht es. In ihr begegnen sich Zuschauer und Akteur, Kind und Erzieher. Sie schlüpfen von entgegengesetzten Seiten in die Puppe hinein.

Kind ⇄ Puppe ⇄ Ich ⇄ Puppenspieler

Ein geheimnisvolles Wechselspiel entsteht, das unbewußt wirkt. Der Puppenspieler ist ein wirkungsvoller Magier, dessen muß er sich selbst bewußt sein, wenn er Puppen handhabt. Er kann führen oder verführen.

Puppe und Puppe

Die Frage, ob die Schmetterlingspuppe mit der Menschenpuppe etwas zu tun hat, ist inzwischen wohl eindeutig bejaht worden.

Tatsächlich spricht die deutsche Sprache mit dem Wort «Puppe» ein Geheimnis aus, das das Menschenwesen tief berührt.

Jeder Mensch muß auf seinem Erdenweg Puppenstadien durchleiden. Manch einer kommt daran zu Fall und wird krank, indem er in diesem Stadium steckenbleibt. Alles, was mit der rätselhaften Krankheit des Autismus zusammenhängt, geht in diese Richtung. Und wenn wir unsere Erkenntnisse therapeutisch anwenden wollen, müssen wir nach dem homöopathischen Prinzip, «Gleiches durch Gleiches zu heilen», darauf kommen, daß wir Puppen zur Heilung einsetzen, um derart kranke Kinder aus dem «Puppenstadium» zu befreien.

Die Geschichte von «Laura» beweist, daß solch eine Therapie wirklich Erfolg verspricht.

Der amerikanische Arzt italienischer Herkunft, Richard D'Ambrosio, schildert den Leidensweg eines autistischen Mädchens, das er «Laura» nennt. Eine Zusammenfassung der Darstellung und kurze Auszüge aus seinem Buch sollen von dem Leidensweg und der Heilung dieses Kindes berichten:[9] Laura war in ihren ersten eineinhalb Jahren schlimmen Mißhandlungen und Vernachlässigungen durch ihre unzurechnungsfähigen, alkoholsüchtigen Eltern ausgesetzt, bis endlich Nachbarn durch angstvolle Schreie aus der Wohnung derart alarmiert wurden, daß sie die Polizei verständigten. Die Tür mußte aufgebrochen werden, und man entdeckte das Kind auf der heißen Herdplatte. – Die furchtbaren Verbrennungen hinterließen lebenslang verunstaltende Narben; aber auch von Natur aus war Laura mit Mißbildungen reich bedacht: sie schielte, hatte eine verkrümmte Wirbelsäule und schon im Kindesalter auffällige Krampfadern an den Beinen.

Obwohl die Ärzte dem kleinen Mädchen zunächst wenig Überlebenschancen einräumten, heilten die schweren Brandverletzungen und Lauras Körper wurde wiederhergestellt. Aber ihre seelische Entwicklung blieb so zurück, daß man sie mit fünf Jahren für schizophren hielt und in eine Nervenklinik einweisen wollte. Es fand sich kein Platz in einer psychiatrischen Klinik, statt dessen kam sie in ein Heim, das von verständnisvollen Ordensschwestern liebevoll geführt wurde. Diese erzielten in sieben Jahren keinen Erfolg bei Laura, aber sie erwirkten das Engagement dieses Arztes, der das Mädchen nun regelmäßig betreute. Als er sie übernahm, war Laura zwölf Jahre alt. Sie sprach bis dahin kein Wort. Zwei Jahre hindurch versuchte der Arzt auf verschiedene Weise, Lauras Anteilnahme zu erregen, um sie aus der Verkapselung herauszulocken.

Lange ohne jeden Erfolg. Endlich kam er darauf, ein Puppenhaus aufzubauen und kleine Puppen darin agieren zu lassen. Und nach einiger Zeit war deutlich, daß Laura das Puppenspiel aufmerksam verfolgte ...

«Meistens hörte sie zu, wenn ich erzählte; und wenn ich Geschichten um die Hausbewohner erfand, wurde sie jedesmal aufmerksamer. Manchmal, wenn ich im Leben dieser kleinen Leute einen Konflikt auftauchen ließ, biß sie sich auf die trockene Unterlippe oder feuchtete sie mit der Zunge an. Bei der Darstellung dieser Konflikte, die ganz normale familiäre Situationen behandelten, spiegelte sich Spannung oder Angst auf ihrem Gesicht wider. Ich wußte, daß sie Mitgefühl mit den Menschen im Haus hatte. Sie sollte ihre gelegentlichen Reibereien beobachten, sich selbst dabei aber sicher fühlen. Auf diese Art konnte ich ihr vielleicht helfen, ihre Gefühle besser zu bewältigen. Unsere Puppen lebten ein Leben, wie Laura es nur für ganz kurze Zeit als kleines Kind kennengelernt hatte. Im allgemeinen herrschten Harmonie und Glück in der Puppenfamilie vor. Die Eltern waren in ihrer Grundhaltung liebevoll und positiv zu ihren Kindern eingestellt, und die innere Sicherheit jeder einzelnen Person kam deutlich zum Ausdruck. So entstand im Laufe der Wochen das Bild einer normalen, gesunden Familie, deren Verantwortungsbewußtsein voll entwickelt war. Laura sollte von dieser Ebene aus einen Vergleich mit ihren eigenen Erfahrungen ziehen und die Reaktionen der anderen verstehen lernen. Aber es ging wieder sehr langsam vorwärts ...

Manchmal schien das Mädchen völlig gefangen zu sein, wenn sie, das Kinn in der Hand, den Mund leicht geöffnet, meinen Geschichten lauschte und zusah, wie ich die kleinen Figuren durchs Haus bewegte und sie ihren verschiedenen Tätigkeiten nachgehen ließ. Und wenn ich die Puppen laut sprechen ließ, vergaß sie meine Gegenwart, als ob ich ein Puppenspieler wäre. Die Figuren lebten. Lauras Augen weiteten sich, und sie kam näher an das Haus heran, damit sie eine bessere Sicht hatte. Denn wie alle Schielenden sah sie die Dinge hinter dem Schnittpunkt ihrer Sehlinien doppelt. Ihre Muskeln spannten sich, und mit einiger Nervosität spürte ich, daß die Zeit gekommen war, das Spiel noch einen Schritt weiter zu führen: Ich würde die Tragödie ihres eigenen Lebens spielen ...

Ich wollte Laura mit der gleichen Situation provozieren, die für ihre Ängste und Verwirrungen verantwortlich war. Zusammen wollten wir uns ihrem Alptraum nähern ...

Ich ging langsam vor, denn jetzt galt es, äußerst behutsam zu sein. Man kann nur sehr schwer feststellen, was uns aus unserer Kindheit in Erinnerung ist. Außerdem ist heute ziemlich sicher bewiesen, daß unser Gedächtnis unerfreuliche Erlebnisse zum Schutz verdrängt – wenigstens viele. Doch gerade die Tatsache, daß diese Geschehnisse innerhalb unseres Bewußtseins nicht mehr greifbar sind, führt zu unkontrollierbaren Ängsten. Diese Ängste können sich zu einem bedenklichen Gefühl der Hilflosigkeit steigern – es ist, als ob man mit Phantomen kämpfte. Was Laura betraf, so waren ihre Ängste inzwischen so grundlegend geworden, richteten sich ganz allgemein auf alles, daß fast jeder spezifische Fall schon als Bedrohung angesehen wurde und eine Selbstschutz-Reaktion auslöste. Sie war wahrlich ein Mensch, der die Welt fürchtete, und ich hielt den Atem an, als ich ihr Vorstellungsvermögen in diesem letzten Experiment auf die Probe stellte.

Wesentlich war die Tiefe ihrer Ängste. Da sie nicht ausgedrückt werden konnten (sie sprach ja nicht), verstärkten sie sich wie in einem Teufelskreis und lösten sich gegenseitig aus. Die Schwierigkeit lag in ihr selbst – sie war ihr eigener Feind –, und als meine Hände über ihrem Miniaturheim verweilten, rechnete ich damit, daß sie die Puppen in ihre eigene Welt aufgenommen und sich mit ihnen identifiziert hatte … Einen Monat lang lebten wir in Lauras nachgebildetem Zuhause. Ich setzte das Spiel so lange fort, bis ich den richtigen Augenblick für gekommen hielt, um den entscheidenden Schritt zu wagen. Dabei sah ich mehr und mehr, welche ausgezeichneten Gefährten die Puppen für sie waren. Mit den fleischfarbenen, fast engelhaften Gesichtern und der wirklichkeitsgetreuen Kleidung waren sie ihr zwar vertraut, doch viel zu klein, um eine Bedrohung zu bedeuten. Sie konnte am Leben der Puppen unbemerkt und ohne Frage teilhaben und – wieder daraus verschwinden. Es mußten keine Erwartungen erfüllt werden, und ich sorgte dafür, daß sie ausreichend Gelegenheit hatte, in der Vorstellung mit verschiedenen ‹sicheren Situationen› zu experimentieren. Ihr Einfühlungsvermögen wurde niemals verletzt.

Unser Spiel war wie ein dramatischer Filmstreifen, den man nach Belieben abstellen oder noch einmal laufen lassen, das Gemetzel beenden oder die Umarmung verlängern kann. Ich rechnete damit, daß sie sich wirklich engagierte, denn in jeder Stunde spielten wir jetzt den Beginn ihres eigenen Lebens. Und nach einigen Wochen, als sie sich zu Beginn einer Stunde neben meinen Schreibtisch setzte, begann ich: ‹Und das, Laura, ist jetzt die Geschichte eines kleinen Mädchens, das ich kenne. Wir wollen doch mal sehen, was geschieht, ja?›

Die Babypuppe lag im Bettchen, und ich ließ die Mutter das Kind füttern. Man konnte das Gitterbett sogar etwas schaukeln. Hunger, Liebe, das Umsorgen der Mutterhände – sie zeigten die Grundbedürfnisse des Kindes klar. Es weinte, schlief, krabbelte und schrie.

Dann ging etwas schief. Die Puppeneltern dachten gar nicht daran, ihr Kind zu trösten, sondern sie wurden gereizt und ungeduldig. Sie bestraften das Kind. Ihr Verhalten war dabei widersprüchlich: Es reichte von Fürsorglichkeit bis zu den Augenblicken flammender Wut.

Lauras Augen funkelten. Ihr ganzer Körper war angespannt. Bei jeder Szene, die ich spielte, wechselte sie die Stellung. Ängste flackerten über ihr vernarbtes Gesicht wie Schatten über die Wasseroberfläche. Ich merkte an ihrem immer schneller gehenden Atem, daß ihre Gefühle einem Höhepunkt zustrebten. Ich steigerte die Frustration des kleinen Kindes, als es sich vergeblich vor seinen Eltern das Herz aus dem Leibe schrie. Für mich war es der Augenblick höchster Spannung, den wir miteinander verlebten: Ich spielte auf ihren Gefühlen wie ein Geiger auf einer Stradivari. Jetzt, wo sie derart gefesselt war, wollte ich nicht, daß sie am Ende der Stunde wieder in ihre schützende Gleichgültigkeit zurückfiel und von der Schwester in ihre ‹Festung› gebracht wurde. Laura mußte den Weg zu Ende gehen. Ich mußte sie mit in die Handlung verwickeln.

‹Jetzt hör auf!› ließ ich die Mutter ausrufen.

‹Sie schreit zuviel!› Das war der Vater, heftig und grob.

Die Handlung verlegte sich jetzt auf den Streit zwischen den Eltern. Der Vater quälte seine Frau und tobte. Die Mutter reagierte auf gleiche Weise. Ihre gegenseitigen Beschuldigungen steigerten sich langsam zur Wut. Lauras Augen gingen in einer Art hingerissener Leidenschaft von einem zum anderen; trotz ihrer Wirbelsäulenkrümmung richtete sie sich fast in ihrem Stuhl auf. Das Kind schrie. Der Mann wandte sein kleines rotes Puppengesicht mit einem Ruck seiner Frau zu.

‹Sorg dafür, daß das Gör aufhört!›

‹Sorg doch selbst dafür!›

Sie stieß nach ihm und sie schlugen sich. Ich brachte ein ziemlich überzeugendes Gepolter der Möbel zustande, winziges Geschirr klapperte. Dann taumelten sie beide unsicher ins Schlafzimmer, wo sie finster auf das Kinderbett starrten. Laura stand auf.

Die Eltern begannen das Kind zu schlagen, und plötzlich ertönte ein schrilles Wehklagen durch mein Büro, ging mir durch Mark und Bein und schien das Heim bis in die Grundmauern zu erschüttern: ‹*Nein! Nein! Nein!*›

Schwankend, mit aufgerissenen Augen und verzerrtem Gesicht zerquetschte Laura die Mutter-Puppe mit der rechten Hand, dann entriß sie sie mir mit der Kraft der Verzweiflung und hieb mit der Faust auf sie ein, wobei sie fortwährend ‹Nein! Nein! Nein!› kreischte.

Sie stand keuchend, atemlos da – und plötzlich fegte sie mit der gleichen fiebernden Kraft beide Puppenhäuser und ihren gesamten Inhalt mit einer einzigen Bewegung krachend zu Boden. Puppen und Puppenmöbel flogen im ganzen Zimmer umher. Sie weinte jetzt hysterisch, wiegte, halb betäubt, den Kopf, um das Gleichgewicht zu halten, und schrie immer noch gellend: ‹Nein ... nein!› Ich nahm sie in die Arme und zog sie eng an mich, beruhigte sie und drückte ihren Kopf an mich. Sie umklammerte mich ebenfalls fest; ihr gebrechlicher Körper wurde von krampfhaften Schluchzern erschüttert.

‹Alles ist gut, Laura, alles ist gut. Weine jetzt nicht mehr.›

Lauras Schreie, die sich anhörten, als wäre ein Kind in Gefahr oder hätte Schmerzen, hatten das ganze Stockwerk in Aufruhr gebracht. Mindestens drei besorgte Schwestern erschienen Sekunden später in meiner Tür. Zufällig kannte ich keine von ihnen und merkte, während ich Laura in den Armen hielt, daß sie befürchteten, ich hätte sie geschlagen. Der Anblick des chaotischen Zimmers kann auch nicht viel dazu beigetragen haben, ihre Befürchtungen zu zerstreuen. Es dauerte mehrere Minuten, bis ich sie davon überzeugen konnte, daß alles in Ordnung sei.

Und alles war mehr als in Ordnung. Als ich Laura beschwichtigt und wieder in ihren Stuhl gesetzt hatte und die Schwestern uns zögernd verließen, müssen meine Hände gezittert haben.

Laura konnte sprechen!

Diesmal sprach ich gleich ganz anders mit ihr, als ich es gewohnt war. Ich sprach wie jemand, der eine Antwort erwartet. Komm aus deinem Schneckenhaus heraus, versuchte ich ihr anzudeuten, ich weiß, daß du es kannst.

Sie zitterte immer noch am ganzen Leib. Das Gesicht war tränenüberströmt, ihr Blick schmerzgequält. Angestrengt runzelte sie die Stirn, bemühte sich, Worte zu artikulieren. ‹Alles wird gut werden, Laura›, sagte ich, ‹du wirst schon sehen.›

‹Ich hasse sie›, stieß sie aus, und in dem gleichen zitternden, leidenschaftlichen Ton sagte sie immer wieder: ‹Ich hasse sie, ich hasse sie.›

Sie war nicht mehr stumm. Mir kam es so vor, als würden diese kärglichen Worte über mich hinweghallen und durch Korridore, Gänge und Mauern bis zum Himmel schallen. Sie hatte eine Stimme, mit der sie Gedanken und Gefühle ausdrücken konnte, und in diesen Augenblicken war es für mich das großartigste Geräusch, das ich je gehört hatte.

Gemeinsam hatten wir das Schweigen bezwungen.»

Lauras Entwicklung ging glücklich weiter. Durch mehrere Operationen wurden ihre körperlichen Mängel korrigiert. Mit achtzehn Jahren arbeitete sie lebensfroh als ausgebildete Kinderschwester.

Ein anderes Beispiel bringt der amerikanische Schriftsteller Myron Levoy in seinem Buch *Der gelbe Vogel:* [10]

Durch ein entsetzliches Erlebnis verfiel die achtjährige, überaus begabte Naomi Kirschenbaum in einen seelischen Erstarrungszustand. Das jüdische Mädchen hatte, unterm Bett versteckt, miterleben müssen, wie ihr Vater, der in der französischen Widerstandsbewegung in Paris mitarbeitete, von der Gestapo brutal erschlagen wurde. Die Aktion der Widerstandskämpfer war verraten worden, und als sie noch in aller Eile dabei waren, ihre Spuren zu tilgen, indem sie ihre Einsatzpläne in kleine Fetzen zerrissen, wurden sie von den Nazis überrascht und getötet. Unterm Bett versteckt, zerriß Naomi noch mit letzter Kraft Papiere um Papiere. Diese Tätigkeit behielt sie zwanghaft stereotyp bei, nachdem sie, durch diesen Schock verstört und verwirrt, mit ihrer Mutter fliehen konnte. Vier Jahre später wurde sie von den entfernten Verwandten Liebman in New York aufgenommen. Alan Silverman, ein Nachbarsohn, der wie Naomi zwölf Jahre alt war, wurde aufgefordert, sich etwas um das Mädchen zu kümmern. Er wehrte entsetzt ab. Als begeisterter Baseballspieler und um die Achtung seiner Freunde bemüht, wollte er sich nicht mit einem Mädchen und schon gar nicht mit so einer Verrückten abgeben. Denn gleich bei der ersten zufälligen Begegnung im Treppenhaus, wo Alan Naomi, einen New Yorker Stadtplan in kleine Fetzen zerreißend, zufällig angetroffen und freundlich begrüßt hatte, war das Mädchen in panischer Angst vor ihm geflohen.

Aber die Bitte von Liebmans und seinen Eltern ließ ihm dennoch keine Ruhe. Immer wieder mußte er an das Mädchen denken:

«Dieses Gesicht. Ob sie wohl je lächelte? Er versuchte sich das vorzustellen, aber es ging nicht. Hockte sie tatsächlich die ganze Nacht in einer Zimmerecke, um Stadtpläne zu zerfetzen? Hörte sie wohl jemals Radio? Las sie Bücher? Sang sie nicht manchmal, war sie nie lustig oder fröhlich in Gesellschaft? Na, genausogut kann man tot sein.

Alan ging zum Fenster und schaute auf die Wohnungen auf der anderen Seite des Hofes. Nach so vielen Jahren kannte er alle Fenster. Die Liebmans hatten die zwei Fenster oben links. Ein Fenster war hell, das andere dunkel. Und in dem dunklen Fenster erkannte er das hinausstarrende Mädchen. Es war, wie Alan wußte, das Schlafzimmerfenster. Die Schlafzimmer aller Wohnungen lagen übereinander genauso wie die Wohnzimmer.

Er winkte dem Mädchen, aber es verharrte unbeweglich. Ob es ihn gesehen hatte? Er war eigentlich überzeugt davon. Naomi blickte genau in seine Richtung. Er winkte wieder. Warum winkte sie nicht zurück? Wovor hatte sie jetzt Angst? Ein ganzer Hof war doch zwischen ihnen.

Vielleicht dachte sie gerade an ihren Vater, der in seinem Blut lag. Alan versuchte sich auszumalen, wie sein Vater am Boden liegt, blutend und sterbend, aber es gelang ihm nicht. Er schaffte es einfach nicht. In seiner Vorstellung zuckte sein Vater und verzog sein

Gesicht und spielte nur den Verwundeten, um Alan zum Lachen zu bringen.

Wenn ich sie nur zum Lachen bringen könnte, dachte er, jetzt, an Ort und Stelle.

Er schaute sich im Zimmer um. Was hatte er denn Lustiges vorzuzeigen? Sein Modellflugzeug, die Spitfire? Nicht besonders komisch, erschreckt sie unter Umständen. Kein Kriegsspielzeug ... Seinen Zauberer-Zylinder und Schnurrbart? Vielleicht ja, vielleicht aber auch zu riskant.

Alan machte den Schrank auf und wühlte in den Resten uralter Spielsachen. Ein selbstgemachtes Segelboot. Nicht komisch. Der Lötbaukasten. Paßt nicht. Ein Baseball-Handschuh, ‹Der kleine Gipsbildhauer›, Müllauto, die geborstene Ukulele. Alles nicht zu brauchen. Dann sah er in den Trümmern plötzlich Charlie, seine alte, angeschlagene Bauchredner-Handpuppe. Charlie konnte man zum Reden bringen, man brauchte hinten nur an einer Schnur zu ziehen, dann fiel der Unterkiefer hinab oder hob sich. Allerdings ging der Kiefer nicht mehr auf, und der Kopf war schon halb abgetrennt. Aber mit Charlie könnte es gehen.

Alan brachte die Puppe zum Fenster und hielt sie noch unter der Fensterbank. Naomi schaute immer noch her. Langsam schob er die Puppe höher und ließ sie hinüberwinken. Er wartete und winkte nochmals.

Unvermittelt verließ Naomi das Fenster. Alan seufzte und ließ dann Charlie sprechen, so, wie er es nach dem Vorbild berühmter Bauchredner schon vor Jahren gemacht hatte, nachdem er die Puppe zu seinem achten Geburtstag bekommen hatte.

‹Ich glaube, die Show war ein Reinfall, Mr. Silverman›, sagte Charlie.

‹Ach, Charlie›, sagte Alan, ‹man muß auch mal verlieren können.›

‹Sehr richtig, Mr. Silverman. Bin immer für Sie da, wenn Sie eine auf die Nase haben wollen. So bin ich nun mal.›

‹Halt den Mund, Charlie, oder du kommst zurück in den Schrank –›

Alan unterbrach sich. Naomi war wieder zum Fenster gekommen und hielt auch eine Puppe hoch. Und sie ließ die Puppe winken.

Alan hob Charlie ganz hoch und bewegte dessen Arme wie wild. Die Puppe drüben winkte noch einmal, bevor sie mit Naomi im Dunkel verschwand. Alan wartete eine Weile, aber sie kam nicht zurück.

‹Was sagen Sie jetzt, Mr. Silverman?› ließ Alan die Puppe fragen.

‹Weiß nicht›, sagte Alan, ‹war nicht unflott.›

‹Nicht unflott?› rief Alan für Charlie. ‹Das war ein Hammer. Sie hat zurückgewinkt. Das war ein richtiger Gruß.›

‹Ich weiß›, sagte Alan.

‹Also, was kratzt Sie?› fragte Charlie.

‹Du weißt, was mich kratzt. Jetzt haben wir sie am Hals. Das kratzt mich. Jetzt müssen wir mit ihr spielen.›»

Alan sagte nun zu, diese Aufgabe zu übernehmen.

Die Eltern hörten das tiefbewegt, es war ihnen bewußt, wie schwerwiegend dieser Entschluß war. Für Alan war es klar, das er vor seinen Freunden den Kontakt mit dem Mädchen streng geheimhalten mußte, wenn er noch etwas bei ihnen gelten sollte. Aber dazu war er bereit.

Mit Puppe Charlie, in Zeitungspapier versteckt, begab er sich in die Wohnung von Liebmans. In Naomis Zimmer packte er Charlie gleich aus und ließ ihn winken. Naomi, die wieder mit Papierzerreißen beschäftigt war, sah kurz auf, griff dann sofort unter ein Kissen, holte ebenfalls ihre Puppe heraus und winkte mit ihr zurück. Der erste Kontakt war geglückt. Und nun begann ein Gespräch zwischen Charlie und der Puppe. Das heißt, Charlie sprach, und Naomis Puppe reagierte mit stummen Gebärden. Von da an ging Alan täglich mit Charlie zu Naomi. Aber auf diese ersten hoffnungsvollen Begegnungen folgten gleich wieder herbe Niederlagen. Alan ließ Charlie alle Gefühlsregister ziehen, er war lustig, witzig oder traurig – umsonst, Naomi schenkte ihm nicht mehr die geringste Aufmerksamkeit; in sich versunken, zerriß sie Papier, ihre Puppe blieb versteckt. Doch Alan ließ sich nicht entmutigen, unbeirrt schickte er Charlie weiter auf Mission. Und dann eines Tages, als Alan sich durch Charlie von Naomi verabschiedete, die wieder einmal lange nicht aus ihrer Versunkenheit erwacht war, drehte Naomi plötzlich, etwas zögernd und ohne aufzusehen, ihre Puppe zu Charlie und ließ sie mit hoher Piepsstimme sagen:

«‹Ah, Scharly ... Sie kommen wieder ... non? ...

Nächste Mal, ich tanze aussi … Ich bin Yvette … ich bin gute danseuse … gut wie Pawlowa, ja … Au revoir, Scharly …›

Naomi legte die Puppe zurück und zerriß Papier. Ihr Gesicht war völlig ausdruckslos, so, als sei nichts geschehen. Und doch war etwas geschehen. Viele Dinge auf einmal. Sie war ein Mädchen, kein Tier im Zoo. Sie hatte Charlies Namen verstanden. Ihre Puppe hatte auch einen Namen: Yvette. Was sie sagte, hatte Hand und Fuß. Bloß – wer war Pawlowa? Und was bedeutete aussi? Einen Tanz? Hatten sie das nicht schon in der Schule gehabt: Ici? Aussi? Spielte auch keine Rolle. Das Ding war ein Hammer. Es war kein leeres Zimmer mehr.

Alan holte tief Atem und sprach durch Charlie: ‹Auf bald, Naomi – ich meine Yvette. Komme morgen wieder.›

Naomi, ganz in ihre Zerreißarbeit vertieft, fuhr sich mit der Zunge über die Lippen.

‹Au revoir›, sagte Charlie.

Naomi antwortete nicht.

Vielleicht genug für heute, dachte Alan.»

Ein kleiner Lichtblick – aber die schwere Aufgabe schien den zwölfjährigen Jungen fast zu Boden zu drücken. Von seinen Freunden wurde er argwöhnisch beobachtet, das quälte ihn. Und er fühlte sich völlig überfordert und unfähig. Aber er stand weiter zu seinem Wort, wenn auch voller Zweifel an sich selbst.

Bedrückt fand sich Alan am folgenden Tag wieder mit seiner Handpuppe bei Naomi ein, die ihre Puppe

Yvette Papier in Stücke reißen ließ. Aber nach einer Weile spürte er ihre Aufmerksamkeit.

«Warum starrt sie mich so an? Kann sie nicht sagen, was los ist? Die Puppe hatte mit dem Zerreißen aufgehört.

‹Warum sind Sie ... so traurig, Scharly ... pourquoi?› fragte Yvette. Das hohe Puppenstimmchen piepste stoßweise, so wie ein kleiner Vogel ruft, der noch Angst vor sich selber hat.

‹Pauvre Scharly ... nicht weinen ... ›, sagte die Puppe sanft. Sie redete wieder! Was hatte er denn gemacht? Gar nichts! Laß jetzt Charlie etwas sagen, du Idiot.

Er brachte die Handpuppe in Sitzstellung. ‹He, Yvette, Mädchen, ich weine nicht, siehst du. Bonjour, Yvette.›

‹Comment ça va ... Scharly?›

‹He? Was heißt'n das?›

‹Wie geht es ... Scharly?› piepste Yvette.

‹Prima, Yvette. Und dir?› fragte Charlie.

Sie redete. Völlig verständlich. Wie ein Mensch. Naomi-Yvette.

‹Voilà. Die Schuhe für ... Ballett›, sagte Yvette, etwas zögernd. Naomi zog Yvette die Puppenschuhe an. ‹Sie tanzen mit mir, Scharly? Ich tanze ... wenn Sie tanzen.›

‹Machen wir. Prima›, sagte Charlie. ‹Es geht los, Naomi.›

Im gleichen Augenblick stürzte Naomi fort von Alan, ans äußerste Ende des Bettes. Der Mund war aufgerissen, die Augen waren voller Angst. Mit hoher, greller Stimme fragte Yvette:

‹Naomi? Wer ist das?›

Er blinzelte verwirrt. Du Vollidiot, sprach er zu sich, Charlie tanzt natürlich mit Yvette. Idiot. Sag's jetzt richtig!

‹Ich meine ... es geht los, Yvette ... ›

‹Non.›

‹Bitte.›

Aber Naomi zog Yvette die Puppenschuhe schon wieder aus. Und gleich darauf war die Puppe wieder dabei, Papier zu zerreißen.

‹Also morgen dann? Yvette, tanzt du morgen mit mir?›

Die Puppe riß und riß Papier entzwei. Naomis Gesicht war ausdruckslos. Alan fühlte wieder das Schlangenknäuel in seiner Brust. Wenn sie keine Antwort gab, war das wie ein weiterer Fehlschlag. Wie zehn Fehlschläge hintereinander. Kann man denn überhaupt nichts richtig machen?

‹Yvette, bitte, morgen? Tanzt du dann mit mir, Yvette?›

Nach einer kleinen Pause sagte Yvette sanft: ‹Oui. Demain soir ... ›

‹He?› Er kratzte sein Französisch zusammen, um zu verstehen. ‹Eh ... Morgen? Morgen abend?›

‹Oui.› Die Puppe zerriß Papier.

‹Prima. Ich komme demain soir, Yvette. Au revoir.›

‹Au revoir, Scharly›, sagte die Puppe.

Alan seufzte laut. Es hatte böse ausgesehen, aber es

war kein Fehlschlag mehr gewesen. Vielleicht hatte er im Sinne seines Vaters heute so etwas wie eine Schlacht gewonnen. Es gab also eine richtige Naomi, soviel war sicher. Aber sie war so schwer zu fassen und zu halten wie ein Tröpfchen Quecksilber.»

In ergreifender Weise wird weiter geschildert, wie Alan mit Hilfe von Charlie Naomis Seele mehr und mehr ermutigt. Sie wagt sich zunächst immer mehr und kecker in ihre Puppe Yvette. Die Gespräche zwischen den Puppen werden lustig und normal. Charlie beginnt, Yvette zu unterrichten, und findet in ihr eine gelehrige Schülerin. Aber es ist ein dorniger Weg mit Klippen und Abgründen. Schlimme Rückfälle müssen immer wieder ertragen werden. Doch Alans jungenhafte Frische und sein zartes Einfühlungsvermögen bringen das Wunder fertig. Eines Tages kann Naomi die schützende Puppenhülle verlassen und ihre Seelenflügel frei entfalten. Sie kann mit den anderen Kindern zur Schule gehen und durch ihre gute Begabung bald Schritt halten.

Daß die Geschichte zuletzt doch tragisch endet, ist einem neuen Unglück zuzuschreiben, das die zarte Naomi-Seele noch nicht verkraften konnte.

Neben diese beiden Geschichten könnten noch etliche andere Erfahrungen gestellt werden, die zeigen, wie Puppen Heilung bei krankhaften Zuständen gebracht haben.

Ich selber erlebe immer wieder die frappierende Wirkung der Puppen bei meinen verhaltensgestörten Schülern. Ein Beispiel: Haben die Kinder (zweite Klasse) auf der Bühne gesehen, wie Puppe Sebastian

sofort auf Klingelzeichen erscheint, dann kommen auch sie aus den lehrersicheren Gebüschen und Bunkern unseres interessanten Schulumfeldes atemlos angelaufen, sobald die Glocke ertönt. «Schnell wie Sebastian!» keuchen sie stolz.

Manche schwierige Situation habe ich mit Hilfe von Puppen in den Griff bekommen. Besonders erfolgreich war in den ersten zwei Schuljahren unser «Däumelinchen», ein winziges Püppchen, das sich bei jeder Bedrohung tatsächlich in sein Schneckenhaus verzog.

Das brachte die wildesten Schüler, oft wider Erwarten, sofort zur Besinnung, wobei die zerbrechliche

Kleinheit der Puppe besonders wirksam war, gleichsam wie eine potenzierte Arznei.

Doch nicht nur für die Heilung krankhafter Zustände ist das Puppenspiel von großer Bedeutung. Jedes gesunde Kind findet bei den kleinen Gestalten Hilfe auf seinem Entwicklungsweg. Immer wieder in eine agierende Puppe schlüpfen zu können und mit dieser Zorn und Freude, Trauer und Hoffnung, Angst und Mitleid zu erleben – das übt Seelenkräfte und stärkt diese fürs Leben. Das Böse und das Gute, das Schöne und das Häßliche können Kinder so «am eigenen Leib» erfahren und den Umgang damit lernen.

Einen unerschöpflichen Reichtum an helfenden Wahrbildern bieten für dieses kräftigende Puppenspiel die Volksmärchen.

Und bei Märchenpuppenspielen ist das Publikum letztendlich an kein Alter gebunden. Wir erinnern uns dankbar der leuchtenden Augen der Zuschauer im Altersheim nach den Aufführungen unserer Märchenbühne.

Erziehung hört nicht mit der Kindheit auf. Ist der Mensch «ins Leben entlassen», so wird die Selbsterziehung maßgebend. Dieses «Ausbalancieren von physischer Natur und geistiger Wesensart» bleibt als Aufgabe bis zum letzten Atemzug. Die «Einverleibung des Ich» kann nie vollendet sein.

Mysterium Puppe

Immer wieder müssen die Prozesse durchlitten werden, die die «astralischen Flügel» unserer Ichheit zum Erglänzen bringen können.

Kein Schmetterling kann sich dem Licht entgegenheben, der nicht zuvor durch den Puppenzustand ging.

Unsere schönsten Tagfalter (Admiral, Tagpfauenauge, Trauermantel, Großer und Kleiner Fuchs und andere) machen die ergreifende Wandlung der *Stürzpuppe* durch. Kohlweißling, Zitronenfalter, Schwalbenschwanz und andere durchstehen als *Gürtelpuppe* angeheftet diese Phase. Motten, Nachtfalter, Seidenspinner und andere vollbringen die Entwicklung in der liegenden *Mumienpuppe*, einige von einem schützenden Kokon umgeben, andere in einer Höhle unter der Erde.

«Wer sich die Zeit nimmt, die Verpuppung einer Raupe zu beobachten, dem wird klar, daß dieser Vorgang recht anstrengend sein muß ...» Die Raupe bäumt sich auf, dreht und wendet sich, sie zuckt zusammen und streckt sich – es sieht aus, als wehre sie sich gegen den Prozeß –, bis sie sich endlich in das Unabänderliche fügt, stillhält und erstarrt – bereit zur Wandlung.

Jeder von uns kennt das. Wie drehen und wenden wir uns, wie bäumen wir uns innerlich auf, wenn es gilt, uns selber zu begegnen, in uns zu gehen, Fehler einzugestehen, zu bereuen, aufzugeben und zur Wandlung bereit zu sein.

Doch nur auf diesem Weg, den der Schmetterling uns vorlebt, können wir unserem wahren Wesen zum Durchbruch verhelfen.

> Und so lang du das nicht hast,
> Dieses: Stirb und Werde!
> Bist du nur ein trüber Gast
> Auf der dunklen Erde.

Der Schmetterling macht seine Entwicklung naturgebunden durch, er kann gar nicht anders. Beim Menschen ist es nicht selbstverständlich, daß die Wandlung gelingt, daß er die Todesprozesse, die das «Puppenstadium» ihm zumutet, verkraftet. Doch es gibt Hilfe, Hilfe in der Erziehung jedes einzelnen und Hilfe für die ganze Menschheit.

Gotthold Ephraim Lessing sagt mit seiner Schrift *Die Erziehung des Menschengeschlechtes*, daß die ganze Menschheit die gleiche Entwicklung durchmacht wie jeder einzelne Mensch und erzogen werden kann. Er spricht auch von den drei Altersstufen: Kindheit, Jugend, Alter, nur nennt er sie: Kind, Knabe, Mann:

«Was die Erziehung bei den einzelnen Menschen ist, ist die Offenbarung bei dem ganzen Menschengeschlecht.» (§ 1).

Jedem Alter ist eine andere Offenbarung angemessen. Das Alte Testament ist das Lehrbuch für das «Kind». Das «Kind» wird zum «Knaben», und «ein beßrer Pädagog muß kommen und dem Kinde das erschöpfte Elementarbuch aus den Händen reißen. – Christus kam.» (§ 53).

Die dritte Phase, die Entwicklung zum «Mann», der die Unsterblichkeit der Seele erreicht, sieht Lessing in der Zukunft. Sie darf nicht übereilt werden: «– Und was habe ich denn zu versäumen? Ist nicht die ganze Ewigkeit mein?» (§ 100).

Für uns ist die Offenbarung für den «Knaben», für die Jugendzeit, die dem Puppenstadium entspricht, interessant. Es ist die christliche Lehre. Das Lehrbuch für diese Phase ist das Neue Testament. «Und so ward Christus der erste zuverlässige, praktische Lehrer der Unsterblichkeit der Seele.» (§ 58).

Christus lehrt nicht nur mit Worten, sondern er «richtet seine inneren und äußeren Handlungen danach ein.» (§ 60).

Seine Lehre ist sein Leben, sein Sterben und sein Auferstehen. Das ist das Neue: daß eine Lehre gelebt wird, daß Tatsachen gelehrt werden. Im Neuen Testament müssen wir suchen, wenn wir Hilfe für die notwendigen Todesprozesse im Leben finden wollen.

In den Evangelien wird von drei Toden gesprochen, die über sich hinausführen, die von der Unsterblichkeit der Seele zeugen, die die «Einverleibung des Ich» verwirklichen.[11] Drei Todesbilder werden vor uns hingestellt:

- Der Tod des Lazarus
- Christi Kreuzestod
- Der Tod des Petrus.

Das Evangelium berichtet:

Als Lazarus erkrankte, ließen seine Schwestern Martha und Maria Jesus das wissen: «Herr, siehe, der, den du lieb hast, ist krank. Als Jesus das hörte, sprach er: Diese Krankheit führt nicht zum Tode, sondern *sie dient zur Ehre Gottes, damit der Sohn Gottes durch sie verherrlicht wird.*» (Joh. 11, 2-4). Es ist bewegend, zu lesen, was Jesus selber durchleidet, bevor er den verstorbenen Lazarus wieder zum Leben erweckt.

Seinen eigenen Tod, der in die Auferstehung gewandelt wird, kündigt Jesus dreimal an: «Siehe, wir ziehen hinauf nach Jerusalem, und der Sohn des Menschen wird den Hohenpriestern und den Schriftgelehrten ausgeliefert werden, und sie werden ihn zum Tode verurteilen und ihn den Heiden ausliefern; und sie werden ihn verspotten, ihn anspeien, ihn geißeln und ihn töten, *und nach drei Tagen wird er auferstehen.*» (Markus 10, 33 und 34).

Der Apostel Petrus, der uns durch seine Fehler, sein menschliches Versagen und durch das Eingestehen seiner Schwächen besonders nahe steht, ist der Mensch, der als letzter am Ende des Neuen Testamentes von Christus angesprochen wird. Ihm wird sein Sterben angedeutet. Es ist ein Vermächtnis an ihn als Vertreter aller Menschen:

Nachdem Christus sich dreimal von Petrus beteuern

ließ, daß er ihn liebe, sprach er: «Wahrlich, wahrlich, ich sage dir: Als du jünger warst, gürtetest du dich selbst und wandeltest, wohin du wolltest; wenn du aber alt geworden bist, wirst du deine Hände ausstrecken und ein anderer wird dich gürten und dahin führen, wohin du nicht willst. Dies aber sagte er, um anzudeuten, *durch welchen Tod er Gott verherrlichen werde.* Und nachdem er dies gesprochen hatte, sagte er zu ihm: Folge mir nach!» (Joh. 21, 15-19).

Und Petrus ist ihm nachgefolgt. Auch er erlitt den Tod am Kreuz – und zwar mit dem Kopf nach unten.

Diese drei Bilder des Todes wurden im Laufe der Jahrhunderte von vielen Künstlern dargestellt. Im Anschauen der Kunstwerke können wir das durchlittene Leid nacherleben. Dabei können wir erkennen, daß wir die gleichen Gebärden finden, die die drei Arten der Schmetterlingspuppen ausdrücken.

Wie drei Urbilder des Leidens stehen die drei Puppenarten vor uns. Und wir wissen, daß aus jeder ein Schmetterling entschweben wird, wenn die Wandlung gelingt.

Hier sei noch einmal auf das Geheimnis der Wendungen, das sich an der Gürtelpuppe offenbart, hingewiesen.

Solche geheimen Wendungen scheinen auch vonnöten zu sein, damit eine wahrhafte Wesensbegegnung mit dem Auferstandenen sich ereignen kann.

Der Evangelist Johannes schildert exakt diesen Vorgang bei der Begegnung von Maria aus Magdala am leeren Grab (Joh. 20, 11-16):

«Maria aber stand außen bei der Gruft und weinte. Wie sie nun weinte, beugte sie sich in die Gruft hinein; da sieht sie zwei Engel in weißen Kleidern dasitzen, den einen beim Haupte und den andern bei den Füßen, da, wo der Leib Jesu gelegen hatte. Und die sagen zu ihr: Weib, was weinst du? Sie sagt zu ihnen: Sie haben meinen Herrn hinweggenommen, und ich weiß nicht, wo sie ihn hingelegt haben. Als sie dies gesagt hatte, *wandte sie sich um.* Und sie sah Jesus dastehen und wußte nicht, daß es Jesus war. Jesus sagt zu ihr: Weib, was weinst du? Wen suchst du? Jene, in der Meinung, es sei der Gärtner, sagt zu ihm: Herr, hast du ihn weggetragen, so sage mir, wo du ihn hingelegt hast, und ich will ihn holen. Jesus sagt zu ihr: Maria! Da *wendet* sich diese um und sagt zu ihm auf hebräisch: Rabbuni! (das heißt: Meister).[12]

Besonders nahegehen kann uns das Leiden des Petrus.

Lazarus wurde durch Jesus Christus vom Tode erweckt. Christus ist selber der Gottessohn.

Petrus aber geht als Mensch diesen Weg in der Gewißheit von Christi Auferstehung. Er ist in der gleichen Lage wie wir. Er ist unser Vorgänger. Er bahnte uns den Weg. Von ihm können wir Fehlerbewältigung und Hingabe lernen, die uns immer wieder von neuem an das Nadelöhr, an den Umstülpungspunkt in uns führen.

Seit alters her wird Petrus mit dem Schlüssel dargestellt. An ihm müssen wir vorbei, wenn wir durch die Himmelstür wollen. Er schließt sie für uns auf. Er beherrscht das Schlüsselloch, das Nadelöhr, das der einzige Zugang zum Himmelreich ist.

Bei den drei Auferstehungstoden im Evangelium wirkt auf besondere Weise die Liebe mit:
– Lazarus ist der Jünger, den Jesus lieb hatte.
– Christus ist der Meister der Liebe.
– Petrus wird dreimal gefragt, ob er Christus liebe.

Am Beginn unserer Ausführungen erkannten wir, daß durch Puppen die Liebe in der Welt vermehrt wird. Das Bild der Puppe führt uns zu den tiefsten Geheimnissen des Menschseins und Menschwerdens.

Die Puppe ist ein Mysterium.

Auferweckung des Lazarus. Sarkophag, Ravenna.

Lazarus liegt von Tüchern umwickelt
wie eine Mumienpuppe im Grab

 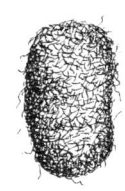 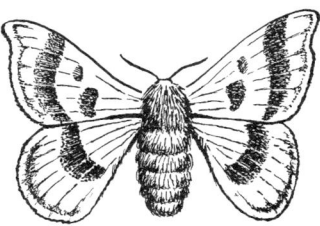

Mumienpuppe des Seidenspinners

Baumweißling (Raupe, Gürtelpuppe und Falter)

Marburg, Elisabethkirche
Kruzifix auf dem Lettneraltar von Ernst Barlach (1931)

Christus ist ans Kreuz geheftet und der Willkür preisgegeben, wie wir es bei der Gürtelpuppe empfanden.

Großer Fuchs (Stürzpuppe und Falter)

Klosterkirche von Müstair (Schweiz)
Petruskreuzigung

Die erbarmungswürdige Gebärde der Stürzpuppe
erleben wir in der Kreuzigung des Petrus.

Anmerkungen

1. Rudolf Steiner: *Das Verhältnis der verschiedenen naturwissenschaftlichen Gebiete zur Astronomie*, 16. Vortrag (16. Jan. 1921) GA 323, Dornach ²1983.
2. Gotthold Ephraim Lessing: *Die Erziehung des Menschengeschlechts*, § 4.
3. Rudolf Steiner: *Meditativ erarbeitete Menschenkunde*, 4. Vortrag (22. Sept. 1920) in: *Erziehung und Unterricht aus Menschenerkenntnis*. GA 302a, Dornach ⁴1993.
4. J. Moucha / B. Vančura: *Schmetterlinge. Tagfalter*, München, Gütersloh, Wien 1973, S. 16.
5. Umberto Parenti: *Schmetterlinge*, München S.8/9.
6. Rudolf Steiner: *Der Mensch als Zusammenklang des schaffenden, bildenden und gestaltenden Weltenwortes*. 6. Vortrag (28. Okt. 1923). GA 230, Dornach ⁵1978.
7. Karin Neuschütz: *Das Puppenbuch*, Stuttgart 1988, S. 21f.
8. Heidi Britz-Crecelius: *Kinderspiel – lebensentscheidend*, Stuttgart ⁶1993, S. 134/135, S. 136, S. 144, S. 154-156.
9. Richard D'Ambrosio: *Der stumme Mund. Die Erlösung eines jungen Menschen aus seelischer Erstarrung zu einer lebensbejahenden Existenz*, München o. J. (Knaur Taschenbuch 794), S. 82-86.
10. Myron Levoy, *Der gelbe Vogel*, München ¹⁴1994, S. 21f., S. 45, S. 50, S. 51f.
11. Die beiden anderen Totenerweckungen, die Auferweckung des Jünglings von Nain (Lukas 7, 11-17) und die Auferweckung der Tochter des Jairus (Matthäus 9, 18-26, Markus

5,21-43, Lukas 8, 40-48) haben einen anderen Stellenwert. Es handelt sich hier um jugendliche Menschen, die einer Inkarnationshilfe bedurften. Diese Auferweckungen sind mehr in der Reihe der Heilungen Christi zu sehen.

12 Alle Bibelstellen werden nach dem Text der Zürcher Bibel zitiert.

Bild- und Quellennachweis

Abb. S. 16, 17, 18, 23, 27, 62, 71: Zeichnungen der Verfasserin
Abb. S. 32, 33: Zeichnungen der Verfasserin nach Gerhard Wolf-Heidegger: *Atlas der systematischen Anatomie des Menschen.* Basel 1972, S. 70, 79.
Abb. S. 73, 75: Photo aus der Sammlung der Verfasserin.

Weitere Quellen:

Abb. S. 14, 25, 26, 72, 74 aus: J. Moucha / B. Vančura: *Schmetterlinge. Tagfalter.* München, Gütersloh, Wien 1973, S. 24, 44, 68, 116, 122.
© Artia Verlag
Abb. S. 71 aus: Bock / Goebel: *Katakomben.* Stuttgart: Urachhaus 1961.
Abb. S. 20, 21 aus: Wilhelm Hoerner: *Der Schmetterling. Metamorphose und Urbild.* Stuttgart 1991, S. 76, 77.
© 1991 Verlag Urachhaus Johannes M. Mayer GmbH & Co KG, Stuttgart.
Text S. 37f. aus: Britz-Crecelius, *Kinderspiel – lebensentscheidend.*
© 1982 Verlag Urachhaus Johannes M. Mayer GmbH & Co KG, Stuttgart.
Text S. 46–52 aus: Richard D'Ambrosio, *Der stumme Mund.*
© Deutsche Rechte by Scherz Verlag, Bern und München.
Text S. 55–57, 59–62 aus: Myron Levoy, *Der gelbe Vogel.*
© der deutschen Ausgabe: 1982 Benziger Edition im Arena Verlag GmbH, Würzburg.

falter

*In der Lösung von Rätseln, die uns die eigene Seele aufgibt,
entfaltet sich das Geheimnis der menschlichen Freiheit.*

1
Einsamkeit
von Adam Bittleston

2
Vom Engel berührt
Schicksalsbegebenheiten
erzählt von Dan Lindholm

3
Weihnachten
Die drei Geburten des Menschen
von Georg Kühlewind

VERLAG FREIES GEISTESLEBEN

*In der Lösung von Rätseln, die uns die eigene Seele aufgibt,
entfaltet sich das Geheimnis der menschlichen Freiheit.*

4

Lebenskrisen

Zwölf Schritte zu ihrer Bewältigung
von Julian Sleigh

5

Meditation und Christus-Erfahrung

Wege zur Verwandlung des eigenen Lebens
von Jörgen Smit

6

Das Leben meistern

Zur Praxis des achtgliedrigen Pfads
von Adam Bittleston

VERLAG FREIES GEISTESLEBEN

*In der Lösung von Rätseln, die uns die eigene Seele aufgibt,
entfaltet sich das Geheimnis der menschlichen Freiheit.*

7
Das helfende Gespräch

Schritte der Ich-Tätigkeit
von Paul von der Heide

8
Zeit des Sterbens

Vom Hingang eines alten Menschen
von Almut Bockemühl

9
Erfüllte Zeit

Von Meditation und Gebet
und von den Wochentagen
von Adam Bittleston

VERLAG FREIES GEISTESLEBEN

falter

*In der Lösung von Rätseln, die uns die eigene Seele aufgibt,
entfaltet sich das Geheimnis der menschlichen Freiheit.*

10

Der Reiter und das Mädchen

Wandlungen einer ersten Liebe
von Inge Ott

11

Vom Rätsel der Angst

Wo die Angst begründet liegt,
und wie wir mit ihr umgehen können
von Henning Köhler

12

Alchemie der Nähe

Die Begegnung von Frau und Mann
von Dorothea Rapp

VERLAG FREIES GEISTESLEBEN

falter

*In der Lösung von Rätseln, die uns die eigene Seele aufgibt,
entfaltet sich das Geheimnis der menschlichen Freiheit.*

13
Hören auf den Grund des Lebens
Begegnungen mit dem Schicksal
von Ursula Grahl

14
Turm am Wasser
Die Linien des Lebens:
Hölderlin und Charlotte Zimmer
von Inge Ott

15
Ein neues Sehen der Welt
Gegen die Verschmutzung des Ich
von Jacques Lusseyran

VERLAG FREIES GEISTESLEBEN

*In der Lösung von Rätseln, die uns die eigene Seele aufgibt,
entfaltet sich das Geheimnis der menschlichen Freiheit.*

16
Warum haben Engel Flügel?
Der Engel als Bild und Begegnung
von Hella Krause-Zimmer

17
Meditative Gebete
für die heutige Zeit
von Adam Bittleston

18
Die dunkle Nacht der Seele
Wege aus der Depression
von Olaf Koob

VERLAG FREIES GEISTESLEBEN

falter

*In der Lösung von Rätseln, die uns die eigene Seele aufgibt,
entfaltet sich das Geheimnis der menschlichen Freiheit.*

19

Psychologie

als spirituelle Betätigung
von Kurt Vierl

20

In der Mitte der Mensch

Offenbarungen und Geheimnisse in der Kunst
von Hella Krause-Zimmer

23

Die gläserne Brücke

Zwischen Leben und Tod
von Inge Ott

VERLAG FREIES GEISTESLEBEN